AF264190

Lie 90 e 50

L'ÉCOLE
DE ROME

DISCOURS PRONONCÉ A L'ASSEMBLÉE NATIONALE

A PROPOS DE LA LOI DU RECRUTEMENT

PAR

M. BEULÉ

(Extrait du *Journal Officiel*, séance du 12 juin 1872.)

PARIS

TYPOGRAPHIE GEORGES CHAMEROT

RUE DES SAINTS-PÈRES, 19

—

1872

L'ÉCOLE

DE ROME

M. LE PRÉSIDENT (1). Entre le paragraphe 2 et le paragraphe 3, M. Beulé propose d'insérer la disposition suivante :

« Les artistes qui ont remporté les grands prix de l'Institut, à condition qu'ils passeront à l'École de Rome les années réglementaires et rempliront toutes leurs obligations envers l'État. » (*Bruits et mouvements divers.*)

La parole est à M. Beulé.

M. BEULÉ. Messieurs, l'amendement que j'ai l'honneur de proposer à l'Assemblée n'est point une innovation. Je vous demande la

(1) *Extrait du Journal Officiel*, séance du 12 juin 1872.

permission de citer, dès le début, pour me rassurer moi-même et pour justifier la démarche que je fais auprès de vous, les précédents, qui sont très-courts, et une statistique qui a son éloquence, car elle vous prouvera que c'est un principe que je défends et non point des intérêts particuliers.

Les précédents, Messieurs, les voici :

Sous le premier Empire, quand il se faisait une terrible consommation d'hommes, toujours les grands prix de l'Institut, c'est-à-dire les lauréats qui partaient pour Rome, étaient exemptés du service militaire; et non-seulement les lauréats qui partaient, mais ceux qui avaient obtenu les seconds grands prix. Vous trouverez dans nos archives des lettres de Cretet, ministre de l'intérieur, et du comte de Cessac, ministre d'État, qui en font foi; elles portent la date de 1809. La loi de 1832, qui est en ce moment dans les mains de tout le monde, dit expressément, à l'article 14, paragraphe 6, que les grands prix de l'Institut, c'est-à-dire les membres de l'École de Rome, sont considérés comme ayant satisfait aux obligations de la loi militaire. (*Interruptions.*)

Des précédents, je passe à une statistique sommaire, afin de vous prouver combien je mets de côté toute préoccupation de personnes, pour m'attacher à ce que j'estime l'intérêt bien entendu du pays.

Depuis 1801, — date d'heureux augure, puisque c'est en 1801 qu'Ingres a remporté le prix de Rome, avant d'avoir atteint l'âge de vingt ans, — depuis 1801 jusqu'à 1871, les lauréats qui se sont succédé à Rome ont été au nombre de moins de trois cents; la moyenne est à peine de cinq par an; un peintre, un sculpteur, un architecte, un compositeur, et, à des intervalles fixés par les règlements, un graveur.

Savez-vous combien de jeunes gens ayant moins de vingt ans ont remporté le prix de Rome dans ces soixante-dix années? Trente seulement, trente-cinq si vous voulez comprendre les seconds grands prix.

Cela ferait, avec la loi actuelle que je vous propose d'amender, une exemption, un seul exempt tous les deux ans.

Ce simple énoncé vous prouve que, malgré la sollicitude si légitime que doit m'inspirer le talent précoce, ce n'est pas lui que je défends, mais un principe.

Quel est ce principe? Je demande à l'Assemblée quelques moments d'attention, non pour l'exposer, mais pour l'indiquer avec une clarté suffisante.

Il est impossible que dans sa justice et avec sa ferme volonté de s'éclairer sur les minutieux détails de la loi si grave que nous rédigeons, l'Assemblée ne tienne pas à tout pénétrer. (*Très-bien! très-bien!*)

Or, quel est l'esprit de l'article 19?

On vous l'a dit tout à l'heure avec éloquence, et vous allez le sentir par l'application que je réclame.

Pourquoi la commission, sans souci des ménagements et des priviléges, mais se préoccupant justement d'un grand intérêt social et du service le plus précieux de l'État, pourquoi la commission dispense-t-elle l'École normale et l'Université? C'est au nom de l'enseignement! Pourquoi dispense-t-elle les instituteurs primaires? C'est au nom de l'enseignement! Pourquoi l'École des Chartes? Parce qu'elle forme les savants qui font revivre notre histoire et gardent les archives de la France. En un mot, l'esprit et l'essence de l'article 19 est de former, d'élever, de maintenir l'intelligence de la nation et cette supériorité morale qui prime toutes les supériorités, et sans laquelle aucune grandeur n'est possible, ni aucune force durable.

Messieurs, je rends hommage aux membres de la commission. Ils ont voulu que les lettres, les sciences, l'enseignement populaire, la religion et tous les cultes reconnus en France, en un mot que tout ce qui fait le cœur et l'âme de la nation, fût protégé, et alors ils ont formulé l'article 19. Mais ont-ils pensé aux artistes? Ont-ils fait la part de l'enseignement des arts? Quelle place ont-ils réservée pour ceux qui ont mission d'enseigner les arts?

Les artistes, Messieurs, vous diront : Notre École normale, à nous, c'est l'École de Rome. Il ne suffit pas d'appeler la jeunesse dans les ateliers de l'École des beaux-arts. Où sont les professeurs qui la dirigeront? Où se forment-ils? D'où sortent-ils? Presque tous, pour ne pas dire tous, sortent de l'École de Rome.

Je sais très-bien quelles idées sont répandues dans le public, quels préjugés trop favorables ou trop sévères rencontre cette belle et vraiment nationale institution. Je ne veux point combattre ces préjugés, ni en profiter. Mais laissez-moi soulever un coin du voile. Messieurs, ne croyez pas ceux qui proclament que l'École de Rome est destinée à produire régulièrement et pour ainsi dire administrativement des hommes de génie. Le génie est un don du ciel : on le développe ou on le persécute, on l'excite, on le glorifie : on ne le fait point naître. (*Très-bien! très-bien!*)

Ne croyez pas, non plus, ou ne croyez

qu'à demi ceux qui répètent que l'École de Rome n'est destinée qu'à faire valoir et à former des talents naturels que l'on amène à une science exquise ou forte et à ce degré supérieur qui ressemble à la perfection. Je ne le nie point, la vérité me confondrait bien vite, et je me réjouis, au contraire, de compter les noms illustres qui depuis le commencement du siècle ont jeté leur éclat sur l'École d'abord, et bientôt sur leur pays. Oui, en ne considérant que les morts, en omettant volontairement la pléiade qui vit, travaille et enseigne encore, on reconnaît que la moisson est belle. Lorsqu'une école peut montrer parmi ses peintres Ingres et Flandrin ; parmi ses architectes, Blouet et Duban ; parmi ses sculpteurs, David d'Angers et Pradier ; parmi ses musiciens, Hérold et Halévy, je dis que cette école a bien mérité de la patrie, qu'elle lui a rendu en honneur et en gloire ce qu'elle en avait reçu en protection et en bienfaits. (*Nouvelles marques d'approbation.*)

Mais ce n'est pas là ce qui me touche aujourd'hui, ni ce qui doit vous toucher, Messieurs, parce qu'en effet, dans ce moment, vous ne pensez pas à la parure du pays, mais à son organisation militaire, et vous voulez concilier la loi avec ce qu'exigent la culture, l'intelligence et l'avenir moral d'une nation.

Vous dirai-je quel est, à mes yeux, le caractère véritable et l'immense utilité de l'École de Rome? C'est notre seule ressource pour l'enseignement, c'est elle qui maintient la tradition dans l'art; elle est l'école où se forment, non pas ceux qui apprennent, mais ceux qui enseignent; c'est de là que sortent ces professeurs qui prennent dans les arts un nom spécial et si honoré : celui de maîtres.

Ce n'est pas seulement parce que pendant quatre ou cinq ans nous leur assurons un séjour noble et recueilli, l'oubli des agitations et des plaisirs d'une grande capitale, un climat plein d'inspirations, les ombrages de la villa Médicis, des ruines admirables, les chefs-d'œuvre de tous les temps. Non, ce qui les transforme, c'est qu'ils sont soumis à un double enseignement : l'un, c'est l'enseignement mutuel, qui sort de la vie commune, de l'échange des idées, de l'émulation, de l'exemple par les autres. Le peintre ne peut pas ignorer ce qui touche le sculpteur, le sculpteur ce que sait le peintre; l'architecte pénètre par la pratique de chaque jour les secrets de la sculpture et de la peinture, qui seront un jour ses plus précieux auxiliaires. Le graveur, qui sera un jour le traducteur d'œuvres immortelles, le graveur apprend du peintre le secret de la couleur et du sculpteur le secret de la forme.

L'autre enseignement vient de plus haut : c'est la direction de l'Académie des beaux-arts, c'est une série de travaux savamment gradués qui viennent chaque année se faire juger à Paris et qui vont ensuite se soumettre au jugement du public. C'est un règlement amélioré sans cesse depuis deux siècles, c'est une progression croissante d'œuvres et d'études obligatoires qui remplissent peu à peu vos musées et qui font que ceux qui sont arrivés à Rome élèves éminents, reviennent à Paris des maîtres.

Dès lors, ces maîtres ouvrent leurs ateliers, enseignent dans les écoles; ils jugent les concours, professent sous toutes les formes, fournissent à l'État ses architectes; tous représentent une doctrine qui se propage et constitue notre art national.

Par conséquent, il y a là un recrutement et pour former la jeunesse à son tour, et pour enseigner par la parole comme par la pratique, et pour donner à l'État le concours le plus efficace, et pour fournir un jury partout où les arts se jugent et se dirigent.

Tous les gouvernements précédents ont eu pour l'École de Rome des égards et une vigilance qu'il serait difficile de comprendre s'ils n'avaient pas eu ce sentiment profond que cette école était une pépinière pour l'enseignement et le secret de notre fécondité. Colbert, cet esprit pratique qui voyait de loin, avait fondé l'École de Rome pour avoir des professeurs, et ce n'était point en vain qu'il l'avait appelée l'Académie de France. La Convention, dès 1792, le lendemain du jour où notre résident à Rome était assassiné et où les Français étaient bannis de la ville éternelle, la Convention décrétait que l'École de Rome serait rétablie, parce qu'elle savait que là serait la renaissance de l'art français. Pourquoi le Directoire rétablissait-il les grands prix et faisait-il une pension à ceux qui les avaient remportés? pour qu'ils partissent, dès que l'Italie cesserait d'être fermée : les artistes lui répétaient chaque jour qu'à Rome étaient les modèles et l'école de la tradition.

Que dire du dix-neuvième siècle? Vous savez combien il honore et exalte notre chère École de Rome. Vous n'ignorez pas non plus quelle lutte a soutenue pour elle l'Académie des beaux-arts. Croyez-vous que, pendant sept ans, cette Académie si grave, si détachée de la politique, aurait combattu avec acharnement, protesté sous toutes les formes, cité le gouvernement impérial devant le conseil d'État, dédaigné les représailles et les calomnies dont elle était l'objet, si elle n'avait pas considéré comme un devoir sacré de défendre ce qu'il y avait d'essentiel, de vital pour l'art français : la tradition et l'enseignement?

Une simple comparaison vous fera sentir combien ce que je vous dis est exact et conforme aux faits.

Depuis deux siècles que l'Académie de Rome est fondée, l'Europe a produit des écoles éminentes qui paraissent et disparaissent. Telle école dure un demi-siècle et finit dans l'ombre. Tel pays a des sculpteurs, mais point de peintres ni de graveurs ; tel autre n'a jamais eu de grands architectes ; ici la musique a été florissante, mais elle était seule. En un mot, vous trouverez difficilement l'alliance de tous les arts, la généralité dans les inspirations, la continuité dans les écoles.

En France, au contraire, je maintiens, l'histoire à la main, que l'école française, depuis deux siècles, n'a jamais cessé, dans tous les genres, d'être féconde en œuvres et en maîtres. Elle a eu certainement des artistes distingués dans les cinq branches de l'art, mais elle a eu surtout une suite non interrompue d'artistes. Même aux époques où le génie manque, où le talent hésite et s'affaiblit, les professeurs restent, transmettent la flamme et assurent, je ne dis pas seulement l'avenir de l'art, mais son lendemain et sa perpétuité. C'est ainsi que la France doit à l'École de Rome une gloire constante, la plus pure et la moins contestée.

Voilà pourquoi je demande à la commission et à l'Assemblée de vouloir bien introduire un complément nécessaire dans une loi qui doit tout prévoir et tout embrasser. Veillons sur l'École de Rome et sur son recrutement. Inscrivons-la ici, à cette place, après le second paragraphe, à la suite de l'École normale et de l'Université. Car, si vous voulez donner à l'École de Rome son véritable nom, un nom qui précise son rôle et sa puissance, vous l'appellerez, Messieurs, l'École normale de l'art français ! (*Vive approbation et applaudissements.* — L'orateur, en retournant à sa place, est félicité par un grand nombre de ses collègues.)

M. Paul Bethmont. La commission ne combat point l'amendement, et elle s'en remet à la sagesse de l'Assemblée du soin de décider. (*Très-bien ! très-bien !*)

M. le Président. Je mets aux voix la disposition additionnelle proposée par M. Beulé.

(La disposition additionnelle de M. Beulé est mise aux voix et adoptée à l'unanimité moins trois voix.)

Paris. — Typographie G. Chamerot, rue des Saints-Pères, 19.